ESSENTIAL GUIDE TO CHINESE HISTORY

PART 12

SONG DYNASTY

宋朝

SECOND EDITION (LARGE PRINT)

学习简单的中国历史文化

QING QING JIANG

PREFACE

Welcome to the Chinese History series, a series dedicated to helping Mandarin Chinese learners improve Chinese reading skills. In this series, we will discover China's 5,000-year-old history. Each of the book will focus on one important ruling Chinese dynasty. The books contain numerous lessons in Mandarin Chinese. We start with a ruling dynasty specific preface (前言), a brief introduction to the dynasty or related themes, and continue to dig the important aspects of the ruling era, such as politics, economy, etc. in the form or chapters. Each book contains 5 to 10 chapters. For the readers' convenience, a comprehensive list of vocabulary has been provided at the beginning of each chapter. The pinyin for the Chinese text is provided after the main text. Further, to enforce deeper learning, the English interpretation of the Chinese text has been purposely excluded for the books. This would help the readers think deeply about the contents the way native Chinese think. In order to help the Chinese learner remember important characters, words, long words, idioms, etc., these entities have been purposely repeated throughout the book, and across the books in the series. Taken together, the books in Chinese History series will tremendously help readers improve their Chinese reading skills.

If you have any questions, suggestions, and feedbacks, feel free to let me know in the review or comments.

You can find more about China and Chinese culture on my amazon homepage.

I blog at:

www.QuoraChinese.com

-Qing Qing 江清清

©2023 Qing Qing Jiang

All rights reserved.

ESSENTIAL GUIDE TO CHINESE HISTORY

ACKNOWLEDGMENTS

I am a blogger. It has been a long and interesting journey since I started blogging quite a few years ago.

The blogging passion enabled me to write useful contents. In particular, I have been writing about China, and its culture.

My passion in writing was supported by my friends, colleagues, and most importantly, the almighty.

I thank everyone for constantly inspiring me in my life endeavours.

CONTENTS

PREFACE 2
ACKNOWLEDGMENTS 4
CONTENTS 5
INTRODUCTION TO THE HISTORY OF SONG DYNASTY (宋朝历史简介) 8
CHEN QIAO MUTINY (陈桥兵变) 13
EASY REMOVAL OF GENERALS' MILITARY POWER (杯酒释兵权) 18
QINGMING FESTIVAL SCENE (清明上河图) 25
WANG ANSHI REFORM (王安石变法) 31
JINGKANG INCIDENT (靖康之变) 37
FOUR GREAT INVENTIONS (四大发明) 43

前言

　　宋朝又可分为北宋和南宋两个时期。赵匡胤陈桥兵变后建立宋朝，靖康之变后北宋灭亡，接下来便是南宋，一共经历了三百多年，比唐朝还要长久。宋朝也是中国历史上比较重要的一个年代，在政治经济，科技文化领域都取得了巨大的成就。而且宋朝也是一个大一统王朝，结束了分裂割据的局面，实现了暂时性的统一。宋朝的经济发展水平在当时可以说是世界之最了，和唐朝有的一拼。著名的《清明上河图》绘画的便是当时的情景，我们可以想象到当时的繁华与热闹。宋朝之所以能取得这么快的发展，也与它加强中央集权，实施变法革新有着巨大的关联。宋朝的科学技术也得到了巨大的发展，中国古代四大发明，有三个都是在宋朝有了新的发展，分别是活字印刷术，火药和指南针，文化一定程度上反映了经济的水平，接下来我们来一一探索。

Sòngcháo yòu kě fēn wéi běisòng hé nánsòng liǎng gè shíqí. Zhàokuāngyìn chén qiáo bīngbiàn hòu jiànlì sòngcháo, jìngkāng zhī biàn hòu běisòng mièwáng, jiē xiàlái biàn shì nánsòng, yīgòng jīnglìle sānbǎi duō nián, bǐ táng cháo hái yào chángjiǔ. Sòngcháo yěshì zhōngguó lìshǐ shàng bǐjiào zhòngyào de yīgè niándài, zài zhèngzhì jīngjì, kējì wénhuà lǐngyù dōu qǔdéle jùdà de chéngjiù. Érqiě sòngcháo yěshì yīgè dà yītǒng wángcháo, jiéshùle fēnliè gējù de júmiàn, shíxiànle zhànshí xìng de tǒngyī. Sòngcháo de jīngjì fāzhǎn shuǐpíng zài dāngshí kěyǐ shuō shì shìjiè zhī zuìle, hé táng cháo yǒu de yī pīn. Zhùmíng de "qīngmíng shànghé tú" huìhuà de biàn shì dāngshí de qíngjǐng, wǒmen kěyǐ xiǎngxiàng dào dāngshí de fánhuá yǔ rènào. Sòng zhāo zhī suǒyǐ néng qǔdé zhème kuài de fǎ zhǎn, yě yǔ tā jiāqiáng zhōngyāng jíquán, shíshī biànfǎ géxīn yǒuzhe jùdà de guānlián. Sòngcháo de kēxué jìshù yě dédàole jùdà de fǎ zhǎn, zhōngguó gǔdài sì dà fāmíng, yǒusān gè dōu shì zài sòngcháo yǒule xīn de fǎ zhǎn, fēnbié shì huózì yìnshuā shù, huǒyào hé zhǐnánzhēn, wénhuà yīdìng chéngdù shàng fǎnyìngle jīngjì de shuǐpíng, jiē xiàlái wǒmen lái yīyī tànsuǒ.

INTRODUCTION TO THE HISTORY OF SONG DYNASTY (宋朝历史简介)

The Song Dynasty (宋朝), ruling ancient China from 960 to 1279, was a dynasty in Chinese history preceded by the Five Dynasties and Ten Kingdoms (五代十国, 907-979) period, and succeeded by the Yuan Dynasty under (元朝, 1271-1368).

In 960, Zhao Kuangyin (赵匡胤, 927-976), a general of the Later Zhou (后周, 951-960), launched the Chenqiao Mutiny (陈桥兵变/陈桥驿兵变). In this rebellion, Zhao Kuangyin led his army, forced Emperor Gong of Zhou (周恭帝, 953-973, reigned 959-960) to abdicate. Subsequently, Zhao Kuangyin easily seized the power of Later Zhou, and established the Song Dynasty (also known as the Northern Song Dynasty, 北宋, 960-1127). Zhao Kuangyin, titled Song Taizu (宋太祖), reigned from 960 to 976.

In order to avoid the separatist elements and the chaos of eunuch dictatorship that the regime of the late Tang Dynasty had faced, Zhao Kuangyin adopted the policy of emphasizing literature and suppressing armament (崇文抑武), strengthened centralization (中央集权), and deprived military generals of military power (兵权).

After Song Taizong (宋太宗, 939-997, reigned 976-997) succeeded to the throne, he unified the multiple states scattered since the collapse of the Tang Dynasty.

Since 999 AD, the Liao Dynasty (辽国) successively sent troops to provoke, plunder, and massacre the people in the border states, bringing huge disasters to the residents of the border areas. Although the Song army actively resisted the invasion, the Liao Dynasty's cavalry advanced and retreated very fast as they very had flexible tactics. This brought more and more pressure to the frontier defense of the Song Dynasty. After Song Zhenzong (宋真宗, 968-1022, reigned 997-1022) and the Liao Kingdom under emperor Liao Shengzong (辽圣宗, 972-1031) concluded the Alliance of Chanyuan (澶渊之盟) in 1005, the Song Dynasty enjoyed the peace and prosperity.

In 1125, the Jin Dynasty (金国) massively invaded the Song empire. Jin had already defeated the Liao Dynasty. During the invasion of Song, the Jin army went on to seize Kaifeng City (东京/开封), the capital of the Northern Song Dynasty, kidnapped the two emperors Hui (徽/宋徽宗) and Qin (钦/宋钦宗), and ultimately caused the demise of the Northern Song Dynasty. In Chinese history, these events are collectively known as the Shame of Jingkang (靖康之耻, 1125-127), Jingkang Rebellion (靖康之乱), the Jingkang Catastrophe (靖康之难), and the Jingkang Disaster (靖康之祸).

Zhao Gou (赵构, 1107-1187), later known as Song Gaozong (宋高宗), founded the Southern Song Dynasty (南宋, 1127-1279). He was the tenth emperor of the Song Dynasty, reigning from 1127 to 1162.

Southern Song Dynasty was the second period of the Song Dynasty. Because Lin'an (临安), located south of Yangtze River in modern Hangzhou, Zhejiang (今浙江杭州) was its capital, the second phase of the Song Dynasty was historically known as the Southern Song Dynasty. Southern Song lasted for a total of 152 years.

The Southern Song Dynasty, together with the Northern Song Dynasty, it was called the "Two Songs" (两宋).

There were several large and small Mongolian tribes scattered on the Mongolian Plateau. They had not been able to form a unified country. In fact, they were severely oppressed and tortured by the rulers of the Jin Kingdom. In 1206, Tie Mu Zhen (铁木真, 1162-1227) unified the various Mongolian tribes and established the Great Mongolian Empire (大蒙古国). He was called "Genghis Khan" (成吉思汗). After 1211, Genghis Khan led his troops several times to attack the Jin Kingdom.

Finally, in 1234, the Mongolian empire defeated the powerful Jin. Song was the next target.

Soon, the Song-Yuan War (宋元战争), also known as the Mongolian-Song War (蒙宋战争), broke out. The battle continued for about 45 years. Finally, in 1279, the Yuan Dynasty captured Lin'an, the Song Dynasty collapsed, and the Yuan Dynasty unified China.

The Song Dynasty was a highly prosperous era in terms of economy, culture, education, and scientific innovation. Some scholars estimate that around the year 1000, China's total GDP was 26.55 billion US dollars, accounting for 22.7% of the world's total economic output, and its per capita GDP was 450 US dollars, which was more than 400 US dollars in Western Europe at that time.

During the Song Dynasty, Confucianism (儒学) was revived and Neo-Confucianism (程朱理学) emerged, science and technology developed rapidly, and numerous political reforms took place. Poets like Su Dongpo (苏轼/苏东坡, 1037-1101) contributed immensely to the Chinese poetry.

In fact, there were no serious eunuch dictatorship and warlord separatism. The number and scale of mutinies and civil unrest were relatively few. The Song Dynasty witnessed a renaissance and economic development in Chinese history. Due to the promotion of agriculture, especially the Zhancheng rice (占城稻) in the Northern Song Dynasty, the population grew rapidly, from 37.1 million in 980 to 126 million in 1124.

The Song Dynasty ruled more than 300 years. It was overthrown twice due to foreign aggression. As such, the Song Dynasty was one of the dynasties that did not directly perish due to civil strife.

What are the differences between the Southern Song Dynasty and the Northern Song Dynasty?

The differences are huge. In fact, the difference between these two dynasties is very obvious. Although they are both Songs, they are different in terms of political systems, geographical location and era.

First of all, the capital of the Northern Song Dynasty was Kaifeng, Henan Province, and the Southern Song Dynasty was in Hangzhou, Zhejiang Province. Some northern land owned by the Northern Song Dynasty became the territory of the Jin Kingdom in the Southern Song Dynasty.

The second is the difference of times. The Northern Song Dynasty was established in 960 and ended in 1127. Then the Southern Song Dynasty appeared in the same year, and perished in 1279.

The third is the difference in the economic model. In terms of the economy, the Southern Song Dynasty also began to develop trade in the direction of ports, while the inland economy of the Northern Song

Dynasty was different. The economic strength was not bad in either of the two Songs, but the economy of the Southern Song Dynasty was obviously more developed. At that time, it had begun to rely on ports instead of the inland economy, so overseas trade began to develop.

Fourth, the court of the Southern Song Dynasty paid more attention to the development of military strength than the Northern Song Dynasty. Therefore, literati were more popular in the Northern Song Dynasty, while military generals had a higher status in the Southern Song Dynasty.

CHEN QIAO MUTINY (陈桥兵变)

1	安史之乱	Ānshǐ zhīluàn	Rebellion of An Lushan and Shi Siming in 755; the An Lushan-Shi Siming rebel
2	飘零	Piāolíng	Become faded and fallen
3	不知道	Bù zhīdào	A stranger to; have no idea; I don't know; No
4	更迭	Gēngdié	Change; alternate; alternation
5	历史上	Lìshǐ shàng	Historically; in history
6	五代十国	Wǔdài shí guó	Five Dynasties (907-960) and Ten Kingdoms (902--979)
7	一直到	Yīzhí dào	Through; up to
8	陈桥兵变	Chén qiáo bīngbiàn	Military Coup at Chenqiao (in Henan); Zhao Kuangyin's 960 coup against Later Zhou establishing the Song dynasty
9	黄袍加身	Huángpáo jiāshēn	Be draped with the imperial yellow robe by one's supporters; be acclaimed emperor; be made emperor
10	宋朝	Sòngcháo	Song dynasty (960-1279)
11	将领	Jiànglǐng	High-ranking military officer; general
12	军功	Jūngōng	Military exploits
13	因而	Yīn'ér	Thus; as a result; with the result that
14	皇帝	Huángdì	Emperor
15	器重	Qìzhòng	Think highly of; regard highly; have a high opinion of

16	士兵	Shìbīng	Rank-and-file soldiers; privates
17	爱戴	Àidài	Love and esteem; respect and support
18	自立为王	Zìlì wèi wáng	Make oneself a prince; make oneself king
19	被迫	Bèi pò	Be compelled; be forced; be constrained; be coerced
20	得益于	Dé yì yú	Get benefit from; profit from; benefit by; profit by
21	太子	Tàizǐ	Crown prince
22	就位	Jiù wèi	Take one's place
23	小孩子	Xiǎo háizi	Little one
24	懂得	Dǒngdé	Understand; know; grasp
25	治国	Zhìguó	Administer a country; manage state affairs
26	太后	Tàihòu	Mother of an emperor; empress dowager; queen mother
27	优柔寡断	Yōuróu guǎduàn	Irresolute and hesitant; be weak and irresolute; incapable of taking strong decision; indecisive
28	决断	Juéduàn	Make a decision; resolution; resolve; decisiveness
29	政局	Zhèngjú	Political situation; political scene
30	混乱	Hǔnluàn	Chaos; confusion
31	宰相	Zǎixiàng	Prime minister; chancellor
32	迟早	Chízǎo	Sooner or later; early or late
33	灭亡	Mièwáng	Be destroyed; become extinct; perish; die out
34	物色	Wùsè	Look for; seek out; choose

35	领情	Lǐngqíng	Feel grateful to somebody; appreciate the kindness
36	委婉	Wěiwǎn	Mild and roundabout; tactful; euphemistic
37	有一次	Yǒu yīcì	Once; on one occasion
38	敌军	Dí jūn	Enemy troops; the enemy; hostile forces
39	来犯	Lái fàn	Come to attack us; invade our territory
40	黄袍	Huáng páo	The imperial robe
41	回到	Huí dào	Return to; go back to
42	京城	Jīngchéng	The capital of a country
43	原来	Yuánlái	Original; former; in the first place
44	让位	Ràng wèi	Resign sovereign authority; abdicate
45	结束	Jiéshù	Finish; closure; foreclosure; end

Chinese (中文)

自安史之乱后，国家就处于动荡飘零的局面之中，而且这一乱，就是几百年，期间不知道经历了多少朝代政权的更迭，历史上称这一段时期为五代十国。一直到陈桥兵变，赵匡胤黄袍加身，建立宋朝。

赵匡胤本是一名骁勇善战的将领，因为立下了许多的 d 军功，因而深受皇帝的器重和士兵的爱戴。赵匡胤没有想过自立为王，但是他最后被迫走上这一步，也是得益于当时的政治局面。

当时年仅七岁的太子就位，一个七岁的小孩子能懂得什么治国之道。主政的则是太后，但是太后也是一个优柔寡断之人，在很多事情上不能做出正确的决断，因而当时的政局更加混乱了。

宰相范质知道照这样发展下去，国家迟早要灭亡。于是他想物色新的人选，救国家救百姓于水火之中。在他心中，赵匡胤就是最好的人选，但是当时赵匡胤并不领情，委婉拒绝了范质。

有一次，敌军来犯，赵匡胤带领军队去抵抗。经过陈桥的时候，在士兵的极力拥护之下，赵匡胤被披上黄袍。

就这样，赵匡胤回到京城，原来的皇帝被迫让位，赵匡胤一跃成为宋太祖。结束了乱局，建立宋朝，这就是陈桥兵变。

Pinyin (拼音)

Zì ānshǐzhīluàn hòu, guójiā jiù chǔyú dòngdàng piāolíng de júmiàn zhī zhōng, érqiě zhè yī luàn, jiùshì jǐ bǎi nián, qíjiān bù zhīdào jīnglìle duōshǎo cháodài zhèngquán de gēngdié, lìshǐ shàng chēng zhè yīduàn shíqí wèi wǔdài shí guó. Yīzhí dào chén qiáo bīngbiàn, zhàokuāngyìn huángpáojiāshēn, jiànlì sòngcháo.

Zhàokuāngyìn běn shì yī míng xiāoyǒng shànzhàn de jiànglǐng, yīnwèi lì xiàle xǔduō de d jūngōng, yīn'ér shēn shòu huángdì de qìzhòng hé shìbīng de àidài. Zhàokuāngyìn méiyǒu xiǎngguò zìlì wèi wáng, dànshì tā zuìhòu bèi pò zǒu shàng zhè yībù, yěshì dé yì yú dāngshí de zhèngzhì júmiàn.

Dāngshí nián jǐn qī suì de tàizǐ jiù wèi, yīgè qī suì de xiǎo hái zǐ néng dǒngdé shénme zhìguó zhīdào. Zhǔ zhèng de zé shì tàihòu, dànshì tàihòu yěshì yīgè yōuróuguǎduàn zhī rén, zài hěnduō shìqíng shàng bùnéng zuò chū zhèngquè de juéduàn, yīn'ér dāngshí de zhèngjú gèngjiā hǔnluànle.

Zǎixiàng fàn zhì zhī dào zhào zhèyàng fāzhǎn xiàqù, guójiā chízǎo yào mièwáng. Yúshì tā xiǎng wùsè xīn de rénxuǎn, jiù guójiā jiù bǎixìng yú shuǐhuǒ zhī zhōng. Zài tā xīnzhōng, zhàokuāngyìn jiùshì zuì hǎo de rénxuǎn, dànshì dāngshí zhàokuāngyìn bìng bù lǐngqíng, wěiwǎn jùjuéle fàn zhì.

Yǒu yīcì, dí jūn lái fàn, zhàokuāngyìn dàilǐng jūnduì qù dǐkàng. Jīngguò chén qiáo de shíhòu, zài shìbīng de jílì yǒnghù zhī xià, zhàokuāngyìn bèi pī shàng huáng páo.

Jiù zhèyàng, zhàokuāngyìn huí dào jīngchéng, yuánlái de huángdì bèi pò ràng wèi, zhàokuāngyìn yī yuè chéngwéi sòngtàizǔ. Jiéshùle luàn jú, jiànlì sòngcháo, zhè jiùshì chén qiáo bīngbiàn.

EASY REMOVAL OF GENERALS' MILITARY POWER (杯酒释兵权)

1	杯酒释兵权	Bēi jiǔ shì bīngquán	Removal of a general's military power at a banquet
2	主角	Zhǔjiǎo	Leading role; lead; protagonist
3	宋朝	Sòngcháo	Song Dynasty (960-1279)
4	中央集权	Zhōngyāng jíquán	Centralization
5	大臣	Dàchén	Minister; secretary
6	自己的	Zìjǐ de	Self
7	不然	Bùrán	Not so; not the case; no
8	可能会	Kěnéng huì	Likely; may; may be
9	再度	Zàidù	Once more; a second time; once again
10	重演	Chóngyǎn	Put on an old play, etc.; repeat the performance
11	不稳定	Bù wěndìng	Instability; swinging
12	贸然	Màorán	Rashly; hastily; without careful consideration
13	削去	Xuē qù	Chip-off
14	官职	Guānzhí	Government post; official position
15	他们的	Tāmen de	Their; theirs
16	怨恨	Yuànhèn	Have a grudge against somebody; hate
17	万一	Wàn yī	Just in case; if by any chance
18	联合起来	Liánhé qǐlái	Gang up; join forces with
19	造反	Zàofǎn	Rise in rebellion; rebel; revolt
20	半点	Bàndiǎn	The least bit
21	有一次	Yǒu yīcì	Once; on one occasion

22	一些	Yīxiē	A number of; certain; some; a few
23	朝廷	Cháotíng	Royal or imperial court
24	下来	Xiàlái	Come down; come from a higher place; go among the masses
25	并且	Bìngqiě	And; also; and … as well; in addition
26	特意	Tèyì	For a special purpose; specially
27	准备	Zhǔnbèi	Prepare; get ready; intend; plan
28	宴席	Yànxí	Banquet; feast
29	一同	Yītóng	Together with; in the company of; together; at the same time and place
30	喝酒	Hējiǔ	Drink; drinking; drink wine; Drinks
31	突然	Túrán	Sudden; abrupt; unexpected; suddenly
32	惆怅	Chóuchàng	Disconsolate; melancholy
33	起来	Qǐlái	Stand up; sit up; rise to one's feet
34	将军	Jiāngjūn	General; admiral
35	说道	Shuōdao	Say
36	虽然	Suīrán	Though; although
37	如今	Rújīn	Nowadays; these days; at present; now
38	皇帝	Huángdì	Emperor
39	一直	Yīzhí	Straight; straightforward
40	茫然	Mángrán	Ignorant; vacant; blank; in the dark
41	不知所措	Bùzhī suǒ cuò	Bewildered; not to know what

			to do
42	连忙	Liánmáng	Promptly; immediately; instantly; in a hurry
43	缘由	Yuányóu	Reason; cause
44	富贵	Fùguì	Riches and honor; wealth and rank
45	尊贵	Zūnguì	Honorable; respectable; respected
46	有一天	Yǒu yītiān	One day; some day
47	黄袍加身	Huángpáo jiāshēn	Be draped with the imperial yellow robe by one's supporters; be acclaimed emperor; be made emperor
48	不愿意	Bù yuànyì	Reluctant; not willing; unwilling; unwillingness
49	慌慌张张	Huāng huāngzhāng zhāng	Covered with confusion; all in a fluster; all in bewilderment; in an abrupt manner
50	绝对	Juéduì	Absolute; absolutely; perfectly; definitely
51	没有	Méiyǒu	Not have; there is not; be without; not so …as
52	二心	Èr xīn	Disloyalty; unfaithful; insincere
53	怎么做	Zěnme zuò	How to do
54	才能	Cáinéng	Talent; ability; gift; aptitude
55	陛下	Bìxià	Your majesty; his majesty
56	安心	Ānxīn	Feel at ease; be relieved; set one's mind at rest
57	顺势	Shùnshì	Take advantage of an opportunity; at one's convenience; without taking extra trouble

58	说出	Shuō chū	Take the words out of somebody's mouth
59	兵权	Bīng quán	Military leadership; military power
60	钱财	Qiáncái	Wealth; money
61	珠宝	Zhūbǎo	Pearls and jewels; jewelry; gem; bijou
62	留给	Liú gěi	Reserve for
63	后代	Hòudài	Succeeding era; later periods; later ages; later generations
64	何不	Hébù	Why not
65	聪明人	Cōngmíng rén	A smart person, a man of brains
66	什么意思	Shénme yìsi	What do you mean; What does it mean
67	第二天	Dì èr tiān	The next day; Day Two; The Second Day
68	人像	Rénxiàng	Portrait; image; figure
69	称病	Chēngbìng	Plead illness
70	丰厚	Fēnghòu	Thick
71	退休金	Tuìxiū jīn	Retirement pay; old-age pension;
72	就这样	Jiù zhèyàng	That's it; That's all; in this way
73	回到	Huí dào	Return to; go back to
74	权力	Quánlì	Power; authority
75	进一步	Jìnyībù	Go a step further; further; make further efforts
76	巩固	Gǒnggù	Consolidate; strengthen; solidify; consolidated; strong; solid; stable
77	历史上	Lìshǐ shàng	Historically; in history

78	赫赫有名	Hèhè yǒumíng	Having a great reputation; well-renowned; far-famed; illustrious
79	故事	Gùshì	Story; tale; plot; old practice; routine

Chinese (中文)

故事的主角仍然是赵匡胤，前面讲到赵匡胤建立宋朝，在他的统治初期，为了加强中央集权，就必须要削弱其他大臣的力量，将权力掌握在自己的手里，不然陈桥兵变的故事可能会再度重演。

但是当时赵匡胤的统治根基还不稳定，如果贸然削去其他重臣的官职，必然会引起他们的不满和怨恨，万一他们联合起来起兵造反，对赵匡胤没有半点好处，所以他得想一个万全之策。

有一次，在退朝后，赵匡胤把一些朝廷重臣留了下来。并且特意为他们准备了宴席，留他们一同喝酒。

喝着喝着，赵匡胤突然惆怅起来，对这些将军大臣说道："虽然如今我已经当上了皇帝，但是却一直睡不好觉。"

其他大臣你看着我，我看着你，一脸茫然，不知所措。连忙问道是什么缘由，赵匡胤忧心忡忡地说："谁都想享受皇帝的富贵与尊贵，如果有一天有人替你黄袍加身，难道你会不愿意吗？"

大臣们听了后，连忙跪下，慌慌张张的说，他们绝对没有二心，要怎么做才能让陛下安心呢。

赵匡胤便顺势说出了他的想法，他劝这些将军大臣放弃兵权，多积累一些钱财珠宝和土地，用来养老和留给后代，这样何不乐哉？

那些将军大臣都是聪明人，知道皇帝是什么意思，便连忙道谢。第二天，这些人像约好了一般，全部都请辞，称病回家养老，赵匡胤全部都批准了，而且还给予了他们丰厚的退休金。

就这样，兵权回到了赵匡胤的手里，他的权力得到了进一步的巩固。这便是历史上赫赫有名的"杯酒释兵权"的故事。

Pinyin (拼音)

Gùshì de zhǔjiǎo réngrán shì zhàokuāngyìn, qiánmiàn jiǎng dào zhàokuāngyìn jiànlì sòngcháo, zài tā de tǒngzhì chūqí, wèile jiāqiáng zhōngyāng jíquán, jiù bìxū yào xuēruò qítā dàchén de lìliàng, jiāng quánlì zhǎngwò zài zìjǐ de shǒu lǐ, bùrán chén qiáo bīngbiàn de gùshì kěnéng huì zàidù chóngyǎn.

Dànshì dāngshí zhàokuāngyìn de tǒngzhì gēnjī hái bù wěndìng, rúguǒ màorán xuē qù qítā zhòngchén de guānzhí, bìrán huì yǐnqǐ tāmen de bùmǎn hé yuànhèn, wàn yī tāmen liánhé qǐlái qǐbīng zàofǎn, duì zhàokuāngyìn méiyǒu bàndiǎn hǎochù, suǒyǐ tā dé xiǎng yīgè wànquánzhīcè.

Yǒu yīcì, zài tuì cháo hòu, zhàokuāngyìn bǎ yīxiē cháotíng zhòngchén liúle xiàlái. Bìngqiě tèyì wèi tāmen zhǔnbèile yànxí, liú tāmen yītóng hējiǔ.

Hēzhe hēzhe, zhàokuāngyìn túrán chóuchàng qǐlái, duì zhèxiē jiāngjūn dàchén shuōdao:"Suīrán rújīn wǒ yǐjīng dāng shàngle huángdì, dànshì què yīzhí shuì bù hǎo jué."

Qítā dàchén nǐ kànzhe wǒ, wǒ kànzhe nǐ, yī liǎn mángrán, bùzhī suǒ cuò. Liánmáng wèn dào shì shénme yuányóu, zhàokuāngyìn yōuxīnchōngchōng de shuō:"Shéi dōu xiǎng xiǎngshòu huángdì de fùguì yǔ zūnguì, rúguǒ yǒu yītiān yǒurén tì nǐ huángpáojiāshēn, nándào nǐ huì bù yuànyì ma?"

Dàchénmen tīngle hòu, liánmáng guì xià, huāng huāngzhāng zhāng de shuō, tāmen juéduì méiyǒu èr xīn, yào zěnme zuò cáinéng ràng bìxià ānxīn ní.

Zhàokuāngyìn biàn shùnshì shuō chūle tā de xiǎngfǎ, tā quàn zhèxiē jiāngjūn dàchén fàngqì bīngquán, duō jīlěi yīxiē qiáncái zhūbǎo hé tǔdì, yòng lái yǎnglǎo hé liú gěi hòudài, zhèyàng hébù lè zāi?

Nàxiē jiāngjūn dàchén dōu shì cōngmíng rén, zhīdào huángdì shì shénme yìsi, biàn liánmáng dàoxiè. Dì èr tiān, zhèxiē rénxiàng yuē hǎole yībān, quánbù dōu qǐng cí, chēngbìng huí jiā yǎnglǎo, zhàokuāngyìn quánbù dōu pīzhǔnle, érqiě hái jǐyǔle tāmen fēnghòu de tuìxiū jīn.

Jiù zhèyàng, bīngquán huí dàole zhàokuāngyìn de shǒu lǐ, tā de quánlì dédàole jìnyībù de gǒnggù. Zhè biàn shì lìshǐ shàng hèhè yǒumíng de "bēi jiǔ shì bīngquán" de gùshì.

QINGMING FESTIVAL SCENE (清明上河图)

1	清明上河图	Qīngmíng shànghé tú	Riverside scene at Qingming Festival; along the river during the Qingming Festival; river of wisdom
2	举世闻名	Jǔshì wénmíng	Be known to all the world; of world renown; be world-famous
3	不过分	Bùguò fèn	Within reason
4	不仅仅	Bùjǐn jǐn	More than; Not only; not just
5	中国	Zhōngguó	China; Sino-
6	独一无二	Dúyīwú'èr	The one and only; in a class by itself; matchless; the only one of its kind
7	世界上	Shìjiè shàng	On earth
8	描述	Miáoshù	Describe; represent
9	北宋	Běisòng	The Northern Song or Earlier Song Dynasty
10	时期	Shíqí	Period
11	画面	Huàmiàn	General appearance of a picture; tableau; frame
12	画家	Huàjiā	Painter; artist
13	引人注目	Yǐn rén zhùmù	Attract somebody's attention; attract the gaze of people; become the center of attention; catch everyone's eyes
14	尺寸	Chǐcùn	Measurement; dimensions; size; magnitude
15	没错	Méi cuò	Be sure; be certain; can't go wrong; be sure to succeed
16	做到	Zuò dào	Accomplish; achieve

17	画卷	Huàjuàn	Picture scroll; scroll painting; grand spectacle
18	当中	Dāngzhōng	In the middle; in the center
19	五百多	Wǔbǎi duō	Five hundred more
20	人物	Rénwù	Figure; personage; person in literature; character
21	牲畜	Shēngchù	Livestock; domestic animals
22	桥梁	Qiáoliáng	Bridge; approach
23	船只	Chuánzhī	Shipping; vessels
24	再现	Zàixiàn	Reappear; be reproduced; playback; recurring
25	热闹	Rènào	Lively; bustling with noise and excitement; boisterous
26	景象	Jǐngxiàng	Scene; sight; picture
27	清明	Qīngmíng	Clear and bright; sober and calm; Qingming; Clear and Bright
28	风俗	Fēngsú	Custom
29	流淌	Liútǎng	Flow; run
30	都城	Dūchéng	Capital (of a country); manor for a minister
31	许许多多	Xǔ xǔduō duō	Lots and lots of
32	行色匆匆	Xíng sè cōngcōng	Be in a hurry to depart; be in a hurry to go on a trip; be in a rush getting ready for a journey; be in haste to start
33	相当于	Xiāng dāng yú	Be equal to, correspond to, be equivalent to
34	赶集	Gǎnjí	Go to market; go to a fair
35	整幅	Zhěng fú	The whole/complete expanse (of a painting, etc.)
36	大致	Dàzhì	Roughly; on the whole;

			approximately; more or less
37	板块	Bǎnkuài	Plate
38	郊外	Jiāowài	The countryside around a city; outskirts; suburb; suburban
39	无限	Wúxiàn	Infinite; limitless; boundless; immeasurable
40	春光	Chūnguāng	Sights and sounds of spring; the splendor of spring; spring scenery
41	人来人往	Rén lái rén wǎng	People are hurrying to and fro; an excited coming and going of people; many people coming and going; People come and go
42	街市	Jiēshì	Downtown streets
43	表面上	Biǎomiàn shàng	Superficial; ostensible; seeming; apparent
44	暗藏	Àncáng	Hide; conceal
45	玄机	Xuánjī	A profound theory
46	密密麻麻	Mìmi mámá	As thick as huckleberries; as thickly as stalks in a field of flax; close and numerous; thickly dotted
47	城门	Chéng mén	Gate
48	消极怠工	Xiāojí dàigōng	Slowdown; be slack in work; go-slow
49	一大片	Yī dàpiàn	A sheet
50	酒鬼	Jiǔguǐ	Wine bibber; tippler; drunkard; sot
51	深意	Shēnyì	Profound meaning
52	以次	Yǐ cì	In proper order; in turn
53	总而言之	Zǒng'ér yánzhī	To make a long story short; all in all; generally speaking; in a few words

54	不仅仅	Bùjǐn jǐn	More than; Not only; not just
55	风俗画	Fēng sú huà	Genre; genre painting
56	繁华	Fánhuá	Flourishing; prosperous; bustling; busy
57	暗示	Ànshì	Hint; drop a hint; hint at; imply
58	背后	Bèihòu	Behind; at the back; in the rear
59	看出	Kàn chū	Make out; perceive; find out; be aware of
60	忧患意识	Yōuhuàn yìshí	Awareness of unexpected development

Chinese (中文)

说《清明上河图》这幅画举世闻名不过分吧，这幅画不仅仅在中国独一无二，在世界上来说也是独一无二的。

这幅画描述的便是北宋时期的画面，由北宋画家张择端所画。最引人注目的便是它的尺寸了吧，你看过一幅画长五米多吗？没错，《清明上河图》做到了。

在五米长的画卷当中，据统计有五百多个人物，除了人物，还有牲畜，房屋，桥梁，船只等等，再现了当时的热闹景象。

清明上河是当时的一个风俗，这里的河指的是汴河，流淌在都城汴京内。我们可以看到图里面有许许多多的人物行色匆匆，就相当于我们现在的赶集。

整幅图大致可以分为三个板块的内容，分别是郊外的无限春光，汴河的人来人往，城内热闹的街市。

这幅画表面上是描绘了京城热闹非凡的繁荣景象，其实暗藏玄机。细心的人会发现图中还有一匹惊马闯入了郊区，桥上密密麻麻的人，还有城门士兵消极怠工，酒馆一大片酒鬼醉酒。这些画面另有深意，张择端在以次暗示统治者，交通，国防安全的问题。

总而言之，这幅画不仅仅是一副风俗画，再现了当时繁华的景象，而且还暗示了繁华背后的危机。从中我们可以看出张择端具有忧患意识。

Pinyin (拼音)

Shuō "qīngmíng shànghé tú" zhè fú huà jǔshì wénmíng bùguò fèn ba, zhè fú huà bùjǐn jǐn zài zhōngguó dúyīwú'èr, zài shìjiè shànglái shuō yěshì dúyīwú'èr de.

Zhè fú huà miáoshù de biànshì běisòng shíqí de huàmiàn, yóu běisòng huàjiā zhāngzéduān suǒ huà. Zuì yǐn rén zhùmù dì biàn shì tā de chǐcùnle ba, nǐ kànguò yī fú huà zhǎng wǔ mǐ duō ma? Méi cuò, "qīngmíng shànghé tú" zuò dàole.

Zài wǔ mǐ zhǎng de huàjuàn dāngzhōng, jù tǒngjì yǒu wǔbǎi duō gè rénwù, chúle rénwù, hái yǒu shēngchù, fángwū, qiáoliáng, chuánzhī děng děng, zài xiàn liǎo dàng shí de rènào jǐngxiàng.

Qīngmíng shànghé shì dāngshí de yīgè fēngsú, zhèlǐ de hé zhǐ de shì biàn hé, liútǎng zài dūchéng biàn jīng nèi. Wǒmen kěyǐ kàn dào tú lǐmiàn yǒu xǔ xǔduō duō de rénwù xíng sè cōngcōng, jiù xiāngdāng yú wǒmen xiànzài de gǎnjí.

Zhěng fú tú dàzhì kěyǐ fēn wéi sān gè bǎnkuài de nèiróng, fēnbié shì jiāowài de wúxiàn chūnguāng, biàn hé de rén lái rén wǎng, chéngnèi rènào de jiēshì.

Zhè fú huà biǎomiàn shàng shì miáohuìle jīngchéng rènào fēifán de fánróng jǐngxiàng, qíshí àncáng xuánjī. Xìxīn de rén huì fāxiàn tú zhōng hái yǒuyī pǐ jīng mǎ chuǎng rùle jiāoqū, qiáo shàng mìmimámá de rén, hái yǒu chéng mén shìbīng xiāojí dàigōng, jiǔguǎn yī dàpiàn jiǔguǐ zuìjiǔ. Zhèxiē huàmiàn lìng yǒu shēnyì, zhāngzéduān zài yǐ cì àn shì tǒngzhì zhě, jiāotōng, guófáng ānquán de wèntí.

Zǒng'éryánzhī, zhè fú huà bùjǐn jǐn shì yī fù fēngsúhuà, zài xiàn liǎo dàng shí fánhuá de jǐngxiàng, érqiě hái ànshìle fánhuá bèihòu de wéijī. Cóngzhōng wǒmen kěyǐ kàn chū zhāngzéduān jùyǒu yōuhuàn yìshí.

WANG ANSHI REFORM (王安石变法)

1	古代	Gǔdài	Ancient; archaic; ancient times; antiquity
2	大大	Dàdà	Greatly; enormously
3	变法	Biànfǎ	Political reform
4	除了	Chúle	Except
5	前面	Qiánmiàn	In front; at the head; ahead
6	王安石变法	Wáng'ān shí biànfǎ	Wang Anshi's reforms
7	有名	Yǒumíng	Well-known; famous; celebrated
8	以失败告终	Yǐ shībài gàozhōng	End in disaster
9	局限性	Júxiàn xìng	Limitations
10	发生在	Fāshēng zài	Happen to; occur to; Occurs
11	北宋	Běisòng	The Northern Song or Earlier Song Dynasty
12	宋朝	Sòngcháo	Song dynasty (960-1279)
13	积弱	Jī ruò	Accumulated declining tendency
14	地主	Dìzhǔ	Landlord; landowner; host
15	流离失所	Liúlíshīsuǒ	Become destitute and homeless
16	苦不堪言	Kǔ bùkān yán	Suffer unspeakably
17	百姓	Bǎixìng	Common people; people
18	艰苦	Jiānkǔ	Arduous; difficult; hard; tough
19	不仅如此	Bùjǐn rúcǐ	Not only that; nor is this all
20	统治者	Tǒngzhì zhě	Ruler; sovereign
21	赋税	Fùshuì	Taxes
22	雪上加霜	Xuěshàng jiāshuāng	Snow and frost; one disaster after another

23	许许多多	Xǔ xǔduō duō	Lots and lots of
24	农民起义	Nóngmín qǐyì	Peasant uprising
25	镇压	Zhènyā	Suppress; repress; put down; execute
26	激化	Jīhuà	Sharpen; intensify; flare-up; become acute
27	社会矛盾	Shèhuì máodùn	Social contradictions
28	痛心	Tòngxīn	Pained; distressed; grieved
29	当朝	Dāng cháo	Present dynasty; reigning sovereign or present prime minister; be in control of court administration
30	上书	Shàngshū	Submit a written statement to a higher authority; send in a memorial
31	谏言	Jiàn yán	Admonition; expostulation
32	就位	Jiù wèi	Take one's place
33	听闻	Tīngwén	Listening; what one hears
34	认命	Rènmìng	Admit, that one's misfortune is predetermined by God
35	政事	Zhèngshì	Government affairs
36	大计	Dàjì	Major program of lasting importance
37	那就是	Nà jiùshì	That is; That is to say; Someone
38	富国强兵	Fùguó qiáng bīng	Make the country rich and make its military forces efficient; a prosperous country with a powerful army
39	围绕	Wéirào	Round; around; center on; revolve round
40	局面	Júmiàn	Aspect; phase; situation;

			prospects
41	好转	Hǎozhuǎn	Take a turn for the better; improve; improvement
42	富饶	Fùráo	Richly endowed; fertile; abundant; rich
43	触碰	Chù pèng	Touch (upon); bump (into); lay/put a finger/hand on
44	尤其是	Yóuqí shì	In particular; the more so; to crown all
45	官僚	Guānliáo	Bureaucrat
46	皇帝	Huángdì	Emperor
47	面前	Miànqián	In face of; in front of; before
48	坏话	Huàihuà	Malicious remarks; vicious talk
49	处境	Chǔjìng	The circumstances; unfavorable situation; plight
50	好受	Hǎoshòu	Feel better; feel more comfortable
51	顽固保守	Wángù bǎoshǒu	Stubborn and conservative
52	争执	Zhēngzhí	Disagree; dispute; contend with; be at odds with
53	采纳	Cǎinà	Accept; adopt; take
54	他们的	Tāmen de	Their; theirs
55	推进	Tuījìn	Push on; carry forward; advance; give impetus to
56	遭到	Zāo dào	Suffer; meet with; encounter
57	极大	Jí dà	Maximum
58	阻扰	Zǔ rǎo	Obstruct; frustrate
59	庇佑	Bìyòu	Blessing; protect; prosper
60	宰相	Zǎixiàng	Prime minister; chancellor
61	死对头	Sǐduìtóu	Deadly foe; sworn enemy

62	果然	Guǒrán	Really; as expected; sure enough
63	司马迁	Sīmǎqiān	Sima Qian (163 BC-85 BC), a pioneering historian; author of Shi Ji (Historical Records)
64	自此	Zì cǐ	Henceforth; from then on
65	宣告失败	Xuāngào shībài	Count out

Chinese (中文)

古代有许多大大小小的变法运动，除了我们前面讲到比较成功的商鞅变法，王安石变法也算是比较有名的了。虽然王安石变法以失败告终，但是有它的进步意义，同时也有一定的局限性。

故事发生在北宋中期，那个时候的宋朝积贫积弱，土地兼并十分严重，大多数的土地掌握在地主的手里，农民根本得不到土地，于是过着流离失所的生活，苦不堪言，百姓生活的十分艰苦。

不仅如此，统治者还对农民征收很重的赋税和徭役，让本就贫穷的农民雪上加霜。所以在这个时期也爆发了许许多多的农民起义，虽然都被镇压下去了，但是也激化了当时的社会矛盾。

王安石看到这种局面，觉得十分痛心。他向当朝统治者上书谏言，但是无果。直到宋神宗就位，早就听闻王安石的才能，便认命他为参知政事。这个时候，王安石才开始他的变法大计。

王安石变法只有一个目的，那就是富国强兵，所以他的变法措施也是围绕这两方面展开的。通过这次变法，宋朝积贫积弱的局面确实有所好转，人民的生活也得到了一定的改善，国家也变得富饶和强大起来。

但是，由于王安石变法触碰了很多人的利益，尤其是那些地主官僚，这些人攻击王安石，在皇帝面前说他坏话，王安石的处境也不好受。

而且，由于王安石变法的时候和以司马光为代表的顽固保守派起了一定的争执，所以并没有采纳他们的意见，导致变法的推进遭到了极大的阻扰。

宋神宗死后，王安石失去了庇佑。更巧的是，新就位的皇帝还任命司马光为宰相，他可是王安石的死对头。果然，司马迁一上任，立刻就废除了王安石的变法，自此，王安石变法宣告失败。

Pinyin (拼音)

Gǔdài yǒu xǔduō dà dàxiǎo xiǎo de biànfǎ yùndòng, chúle wǒmen qiánmiàn jiǎng dào bǐjiào chénggōng de shāngyāng biànfǎ, wáng'ānshí biànfǎ yě suànshì bǐjiào yǒumíng dele. Suīrán wáng'ānshí biànfǎ yǐ shībài gàozhōng, dànshì yǒu tā de jìnbù yìyì, tóngshí yěyǒu yīdìng de júxiàn xìng.

Gùshì fāshēng zài běisòng zhōngqí, nàgè shíhòu de sòngcháo jī pín jī ruò, tǔdì jiānbìng shífēn yánzhòng, dà duō shǔ de tǔdì zhǎngwò zài dìzhǔ de shǒu lǐ, nóngmín gēnběn dé bù dào tǔdì, yúshìguòzhe liúlíshīsuǒ de shēnghuó, kǔ bùkān yán, bǎixìng shēnghuó de shífēn jiānkǔ.

Bùjǐn rúcǐ, tǒngzhì zhě hái duì nóngmín zhēngshōu hěn zhòng de fùshuì hé yáoyì, ràng běn jiù pínqióng de nóngmín xuěshàngjiāshuāng. Suǒyǐ zài zhège shíqí yě bàofāle xǔ xǔduō duō de nóngmín qǐyì, suīrán dōu bèi zhènyā xiàqùle, dànshì yě jī huà liǎo dàng shí de shèhuì máodùn.

Wáng'ānshí kàn dào zhè zhǒng júmiàn, juédé shífēn tòngxīn. Tā xiàng dāng cháo tǒngzhì zhě shàngshū jiàn yán, dànshì wú guǒ. Zhídào sòng shénzōng jiù wèi, zǎo jiù tīngwén wáng'ānshí de cáinéng, biàn rènmìng tā wèi cān zhī zhèngshì. Zhège shíhòu, wáng'ānshí cái kāishǐ tā de biànfǎ dàjì.

Wáng'ānshí biànfǎ zhǐyǒu yīgè mùdì, nà jiùshì fùguó qiáng bīng, suǒyǐ tā de biànfǎ cuòshī yěshì wéirào zhè liǎng fāngmiàn zhǎnkāi de. Tōngguò zhè cì biànfǎ, sòngcháo jī pín jī ruò de júmiàn quèshí yǒu suǒ hào zhuǎn, rénmín de shēnghuó yě dédàole yīdìng de gǎishàn, guójiā yě biàn dé fùráo hé qiángdà qǐlái.

Dànshì, yóuyú wáng'ānshí biànfǎ chù pèngle hěnduō rén de lìyì, yóuqí shì nàxiē dìzhǔ guānliáo, zhèxiē rén gōngjí wáng'ānshí, zài huángdì miànqián shuō tā huàihuà, wáng'ānshí de chǔjìng yě bù hǎoshòu.

Érqiě, yóuyú wáng'ānshí biànfǎ de shíhòu hé yǐ sīmǎ guāng wèi dàibiǎo de wángù bǎoshǒu pài qǐle yīdìng de zhēngzhí, suǒyǐ bìng méiyǒu cǎinà tāmen de yìjiàn, dǎozhì biànfǎ de tuījìn zāo dàole jí dà de zǔ rǎo.

Sòng shénzōng sǐ hòu, wáng'ānshí shīqùle bìyòu. Gèng qiǎo de shì, xīn jiù wèi de huángdì hái rènmìng sīmǎ guāng wèi zǎixiàng, tā kěshì wáng'ānshí de sǐduìtóu. Guǒrán, sīmǎqiān yī shàngrèn, lìkè jiù fèichúle wáng'ānshí de biànfǎ, zì cǐ, wáng'ānshí biànfǎ xuāngào shībài.

JINGKANG INCIDENT (靖康之变)

1	在位	Zài wèi	Be on the throne; reign
2	期间	Qíjiān	Time; period; course; duration
3	腐败	Fǔbài	Rotten; putrid; decayed; go home
4	宋朝	Sòngcháo	Song dynasty (960-1279)
5	国力	Guólì	National power; national strength
6	日渐	Rìjiàn	With each passing day; day by day
7	衰微	Shuāiwéi	Decline; wane
8	北方	Běifāng	North; the northern part of the country
9	部落	Bùluò	Tribe
10	名叫	Míng jiào	Call; by the name of
11	女真	Nǔzhēn	Nvzhen, an ancient nationality in China
12	渐变	Jiànbiàn	Gradual change
13	尤其是	Yóuqí shì	In particular; the more so; to crown all
14	酋长	Qiúzhǎng	Chief of a tribe
15	空前	Kōngqián	Unprecedented; unparalleled
16	完全不	Wánquán bù	Totally not; not... at all
17	大国	Dàguó	Power; leading powers; great power
18	经过	Jīngguò	Pass; go through; go by
19	兼并	Jiānbìng	Merger; annex
20	扩大	Kuòdà	Expansion; amplify; broaden
21	自己的	Zìjǐ de	Self

#	汉字	Pinyin	English
22	领土	Lǐngtǔ	Territory
23	范围	Fànwéi	Scope; limits; extent; boundary
24	实力	Shílì	Actual strength; strength
25	下一个	Xià yīgè	Next; the next one
26	攻打	Gōngdǎ	Attack; assault; assail
27	军事力量	Jūnshì lìliàng	Military force; military strength
28	弱小	Ruòxiǎo	Small and weak
29	可以说	Kěyǐ shuō	It is not too much to say; it is too much to say; so to speak
30	战斗力	Zhàndòulì	Combat effectiveness
31	大军	Dàjūn	Main forces; army
32	出兵	Chūbīng	Dispatch troops; march army for battle; send an army into battle
33	惨败	Cǎnbài	Crushing defeat; disastrous defeat; suffer a crushing or disastrous defeat
34	年间	Niánjiān	During a certain era or age
35	派出	Pàichū	Send; dispatch; assign
36	兵马	Bīng mǎ	Troops and horses; military forces
37	一举	Yījǔ	With one action; at one stroke; at one fell swoop; at the first try
38	南向	Nán xiàng	Southing
39	势如破竹	Shìrú pòzhú	Like splitting bamboo; without any difficulty
40	基本上	Jīběn shàng	Mainly
41	胜仗	Shèngzhàng	Victorious battle; victory
42	统治者	Tǒngzhì zhě	Ruler; sovereign
43	慌忙	Huāng máng	In a great rush; in a flurry; hurriedly; hurried and flustered
44	原本	Yuánběn	Original manuscript; master

			copy
45	投降	Tóuxiáng	Surrender; capitulate
46	军民	Jūnmín	The army and the people; soldiers and civilians; military and civilian
47	请战	Qǐngzhàn	Ask for a battle assignment
48	自发	Zìfā	Spontaneous
49	一同	Yītóng	Together with; in the company of; together; at the same time and place
50	抵御	Dǐyù	Resist; withstand
51	皇帝	Huángdì	Emperor
52	铁了心	Tiěle xīn	Resolve to do something in desperation; be determined in one's efforts; be unshakable in one's determination
53	全然	Quánrán	Completely; entirely
54	不顾	Bùgù	Disregard; ignore; in defiance of; in spite of
55	请愿	Qǐngyuàn	Present a petition; petition
56	敌军	Dí jūn	Enemy troops; the enemy; hostile forces
57	镇压	Zhènyā	Suppress; repress; put down; execute
58	志愿军	Zhìyuàn jūn	People who volunteer to fight in another country
59	这样	Zhèyàng	So; such; like this; this way
60	行为	Xíngwéi	Action; behavior; conduct; deed
61	无疑	Wúyí	Beyond doubt; undoubtedly
62	敌人	Dírén	Enemy; foe
63	志气	Zhìqì	Aspiration; ambition; morale

64	威风	Wēifēng	Power and prestige; domineering influence; high prestige backed up with power
65	懦弱	Nuòruò	Cowardly; weak
66	皇帝	Huángdì	Emperor
67	更加	Gèngjiā	To a higher degree; still further; still more
68	肆无忌惮	Sìwújìdàn	Act recklessly and care for nobody
69	废除	Fèichú	Abolish; abrogate; annul; annihilate
70	扶植	Fúzhí	Foster; prop up
71	傀儡	Kuǐlěi	Puppet
72	当做	Dàngzuò	Treat as; regard as; look upon as
73	北宋	Běisòng	The Northern Song or Earlier Song Dynasty
74	灭亡	Mièwáng	Be destroyed; become extinct; perish; die out
75	而后	Érhòu	After that; then
76	南宋	Nánsòng	The Southern Song Dynasty
77	历史上	Lìshǐ shàng	Historically; in history
78	有名	Yǒumíng	Well-known; famous; celebrated

Chinese (中文)

在宋徽宗在位期间，由于政治的腐败，宋朝国力日渐衰微。

与此同时，北方有一支部落，名叫女真族，却日渐变得强大起来。尤其是当阿骨打担任酋长的时候，在他的领导下，女真族的实力达到了空前的强大，完全不输大国，所以阿骨打建立了金国。

经过不断的兼并其他国家扩大自己的领土范围，金国的实力不可小觑。而他的下一个目标便是攻打宋朝。

金朝曾经与宋朝合作灭辽，但是当时的宋朝军事力量十分弱小，可以说是没有战斗力了，几十万大军出兵最终却惨败而归。正是通过这次合作，金国看出了宋朝的弱小，所以才有底气攻打宋朝。

在靖康年间，金国只派出了四万兵马，一举南向，攻打宋朝。这一路，金军势如破竹，基本上都是打了胜仗。

这让宋朝的当局统治者十分慌忙，他原本想投降，但是军民纷纷请战，自发的组成了一只三万的军队，要求一同抵御金军。

但是当时的皇帝宋钦宗铁了心要投降，全然不顾百姓的请愿，甚至为了向敌军示好，还派人镇压志愿军。

这样的行为无疑是涨敌人志气，灭自己威风。正是因为有这样懦弱的皇帝，金军也便更加的肆无忌惮了。

最后金军还是废除了当时的皇帝，扶植了一个傀儡当做皇帝，北宋由此灭亡，而后开创了南宋时代。这便是历史上有名的靖康之变。

Pinyin (拼音)

Zài sòng huīzōng zài wèi qíjiān, yóuyú zhèngzhì de fǔbài, sòngcháo guólì rìjiàn shuāiwéi.

Yǔ cǐ tóngshí, běifāng yǒuyī zhī bùluò, míng jiào nǔzhēn zú, què rìjiàn biàn dé qiángdà qǐlái. Yóuqí shì dāng āgǔdǎ dānrèn qiúzhǎng de shíhòu, zài tā de lǐngdǎo xià, nǔzhēn zú de shílì dádàole kōngqián de qiángdà, wánquán bù shū dàguó, suǒyǐ āgǔdǎ jiànlìle jīn guó.

Jīngguò bu duàn de jiānbìng qítā guójiā kuòdà zìjǐ de lǐngtǔ fànwéi, jīn guó de shílì bùkě xiǎo qù. Ér tā de xià yīgè mùbiāo biàn shì gōngdǎ sòngcháo.

Jīn cháo céngjīng yǔ sòngcháo hézuò miè liáo, dànshì dāngshí de sòngcháo jūnshì lìliàng shífēn ruòxiǎo, kěyǐ shuō shì méiyǒu zhàndòulìle, jǐ shí wàn dàjūn chūbīng zuìzhōng què cǎnbài ér guī. Zhèng shì tōngguò zhè cì hézuò, jīn guó kàn chūle sòngcháo de ruòxiǎo, suǒyǐ cái yǒu dǐqì gōngdǎ sòngcháo.

Zài jìngkāng niánjiān, jīn guó zhǐ pàichūle sì wàn bīng mǎ, yījǔ nán xiàng, gōngdǎ sòngcháo. Zhè yīlù, jīn jūn shìrúpòzhú, jīběn shàng dū shì dǎle shèngzhàng.

Zhè ràng sòngcháo dí dàng jú tǒngzhì zhě shífēn huāngmáng, tā yuánběn xiǎng tóuxiáng, dànshì jūnmín fēnfēn qǐngzhàn, zìfā de zǔchéngle yī zhǐ sān wàn de jūnduì, yāoqiú yītóng dǐyù jīn jūn.

Dànshì dāngshí de huángdì sòngqīnzōng tiěle xīn yào tóuxiáng, quánrán bùgù bǎixìng de qǐngyuàn, shènzhì wèile xiàng dí jūn shì hǎo, hái pài rén zhènyā zhìyuànjūn.

Zhèyàng de xíngwéi wúyí shì zhǎng dírén zhìqì, miè zìjǐ wēifēng. Zhèng shì yīnwèi yǒu zhèyàng nuòruò de huángdì, jīn jūn yě biàn gèngjiā de sìwújìdànle.

Zuìhòu jīn jūn háishì fèi chú liǎo dàng shí de huángdì, fúzhíle yīgè kuǐlěi dàngzuò huángdì, běisòng yóu cǐ mièwáng, érhòu kāichuàngle nánsòng shídài. Zhè biàn shì lìshǐ shàng yǒumíng de jìngkāng zhī biàn.

FOUR GREAT INVENTIONS (四大发明)

1	前面	Qiánmiàn	In front; at the head; ahead
2	四大发明	Sì dà fāmíng	The four great inventions of ancient China; The Four Great Inventions
3	指南针	Zhǐnánzhēn	Compass
4	造纸术	Zàozhǐ shù	Papermaking technology
5	印刷术	Yìnshuā shù	Art of printing; printing
6	火药	Huǒyào	Gunpowder; powder
7	造纸	Zàozhǐ	Papermaking
8	汉朝	Hàn cháo	Han dynasty
9	发明创造	Fāmíng chuàngzào	Invent and create; make inventions and innovations; innovation and creation
10	不完全	Bù wánquán	Incomplete; imperfect
11	战国	Zhànguó	Warring states
12	器具	Qìjù	Utensil; implement; appliance
13	叫做	Jiàozuò	Be called; be known as
14	宋朝	Sòngcháo	Song Dynasty (960-1279)
15	应用于	Yìngyòng yú	Apply to
16	航海	Hánghǎi	Voyage; navigation
17	情有可原	Qíng yǒu kě yuán	Consider ... as excusable
18	第二个	Dì èr gè	The second; 2nd
19	越来越	Yuè lái yuè	More and more
20	越来越多	Yuè lái yuè	More and more; increasingly; a

		duō	growing number of
21	空前繁荣	Kōngqián fánróng	Be flourishing as never before
22	迫切需要	Pòqiè xūyào	Urgent need; stand in need of
23	很明显	Hěn míngxiǎn	It is obvious that; Obviously; It's obvious
24	雕版	Diāobǎn	Cutting blocks of wood for printing
25	最后一个	Zuìhòu yīgè	Last; the last one; First
26	火药	Huǒyào	Gunpowder; powder
27	离不开	Lì bù kāi	Can't do without
28	知道了	Zhīdàole	Got it; roger; I see
29	可燃性	Kěrán xìng	Flammability; ignitability; combustibility
30	意外地	Yìwài dì	Accidentally; by chance; unexpectedly; surprisingly
31	就此	Jiùcǐ	At this point; here and now; thus
32	诞生	Dànshēng	Be born; come into the world; come into being

Chinese (中文)

前面也已经说过了，我国古代的四大发明是指南针，造纸术，印刷术和火药。我们还详细介绍了造纸术是在汉朝时期发明创造的，而其他三大发明都是在宋朝有了进一步的发展，但不完全是在这个时期发明的。下面我们来一一介绍。

首先是指南针，早在战国时期，就已经发明了指示方向的器具，叫做"司南"，这是指南针的起源。到了宋朝，在此基础上做了进一步的改善，才有了现在的指南针。当时的指南针主要是应用于航海，宋朝的航海业还是比较发达的，在这样的环境下，能发明出指南针也情有可原。

第二个是印刷术。我们知道在隋唐时期，科举制越来越流行，读书学习的人也越来越多，文学达到了空前繁荣的地步。由于学习的迫切需要，以前的手抄很明显已经不能再满足人们的需求了，所以当时出现了雕版印刷术。而到了宋朝，毕昇发明了活字印刷术，大大提高了印刷的效率，也降低了成本。

最后一个是火药，同样也离不开前期经验的积累。在汉代的时候，我们知道了火药具有可燃性，但是仅仅停留在认知的阶段，并没有付出实践。而到了唐代，我们意外地发现了它的爆炸性。宋代以来，便有专门的场所研制火药，火药就此诞生。

Pinyin (拼音)

Qiánmiàn yě yǐjīng shuōguòle, wǒguó gǔdài de sì dà fāmíng shì zhǐnánzhēn, zàozhǐ shù, yìnshuā shù hé huǒyào. Wǒmen hái xiángxì jièshàole zàozhǐ shù shì zài hàn cháo shíqí fāmíng chuàngzào de, ér qítā sān dà fāmíng dōu shì zài sòngcháo yǒule jìnyībù de fǎ zhǎn, dàn bù wánquán shì zài zhège shíqí fāmíng de. Xiàmiàn wǒmen lái yīyī jièshào.

Shǒuxiān shi zhǐnánzhēn, zǎo zài zhànguó shíqí, jiù yǐjīng fāmíngliǎo zhǐshì fāngxiàng de qìjù, jiàozuò "sīnán", zhè shì zhǐnánzhēn de qǐyuán. Dàole sòngcháo, zài cǐ jīchǔ shàng zuòle jìnyībù de gǎishàn, cái yǒule xiànzài de zhǐnánzhēn. Dāngshí de zhǐnánzhēn zhǔyào shi yìngyòng yú hánghǎi, sòngcháo de hánghǎi yè háishì bǐjiào fādá de, zài zhèyàng de huánjìng xià, néng fāmíng chū zhǐnánzhēn yě qíng yǒu kě yuán.

Dì èr gè shì yìnshuā shù. Wǒmen zhīdào zài suítáng shíqí, kējǔ zhì yuè lái yuè liúxíng, dúshū xuéxí de rén yě yuè lái yuè duō, wénxué dádàole kōngqián fánróng dì dìbù. Yóuyú xuéxí de pòqiè xūyào, yǐqián de shǒu chāo hěn míngxiǎn yǐjīng bùnéng zài mǎnzú rénmen de xūqiúle, suǒyǐ dāngshí chūxiànle diāobǎn yìnshuā shù. Ér dàole sòngcháo, bì shēng fāmíngliǎo huózì yìnshuā shù, dàdà tígāole yìnshuā de xiàolǜ, yě jiàngdīle chéngběn.

Zuìhòu yīgè shì huǒyào, tóngyàng yě lì bù kāi qiánqí jīngyàn de jīlěi. Zài hàndài de shíhòu, wǒmen zhīdàole huǒyào jùyǒu kěrán xìng, dànshì jǐnjǐn tíngliú zài rèn zhī de jiēduàn, bìng méiyǒu fùchū shíjiàn. Ér dàole táng dài, wǒmen yìwài dì fāxiànle tā de bàozhàxìng. Sòngdài yǐlái, biàn yǒu zhuānmén de chǎngsuǒ yánzhì huǒyào, huǒyào jiùcǐ dànshēng.

www.QuoraChinese.com